AF349668

L'Idylle sur la Paix est relative à la trève,
signée à Ratisbonne, le 15 août 1684. L'édition
originale est un in-4° de 4 pages s. l. n. d.
publié avec un permis d'imprimer en
date du 27 juin 1685. La musique de Lully
a paru chez Ballard, en 1685, 1 vol. in-f°.
(Bibliothèque de M. Roudel.)

YDILLE

DE LA PAIX

CHANTE' DANS L'ORANGERIE

DE SCEAUX;

AVEC

LA GROTTE

DE VERSAILLES;

ET LA

PASTORALE,

MISE EN MUSIQUE
PAR Mr GAUTIER.

A LYON,

Chez THOMAS AMAULRY.
Libraire de l'Academie Royale de Musique.

M. DC. XC.

AVEC PRIVILEGE DE SA MAJESTE.

YDILLE

DE LA PAIX

CHANTE' DANS L'ORANGERIE

DE SCEAUX.

E N plein repos favorise vos vœux,
Peuples chantez la paix, qui vous rend
tous heureux.

CHOEUR.

Un plein repos favorise nos vœux,
Chantons la paix, qui nous rend tous heureux.

Charmante paix, delices de la terre,
Fille du Ciel ; & mere des plaisirs;
Tu reviens combler nos desirs,
Tu bannis la terreur & les tristes soupirs,
Malheureux enfans de la guerre.

On reprend le Chœur cy-dessus.

Tu rends le fils à sa tremblante mere;
Par toy la jeune épouse espere
D'estre long-tems unie à son epoux aimé:
De ton retour le laboureur charmé,
Ne craint plus deformais qu'une main étrangere
Moissonne avant le tems le champ qu'il a semé.
Tu pares nos jardins d'une grace nouvelle.
Tu rends le jour plus pur,& la terre plus belle.

4

Mais quelle main puiſſante & ſecourable
A rapellé du Ciel cette paix adorable.

Quel Dieu ſenſible aux vœux de l'univers,
A replongé la diſcorde aux enfers.

Déja grondoient les horribles tonnerres,
Par qui ſont briſez les remparts,
Déja marchoient devant les étandarts,
Bellone les cheveux epars,
Et ſe flattoit d'eterniſer les guerres,
Que ſa fureur ſouffloit de toutes parts.
Divine paix, aprends nous par quels charmes,
Un calme ſi profond ſuccede à tant d'alarmes?
Un heros des mortels, l'amour & le plaiſir,
Un Roy victorieux nous a fait ce loiſir.

Le chœur repette les deux derniers vers.

Ses Ennemis offencés de ſa gloire
Vaincus cent fois, & cent fois ſupplians,
En leur fureur de nouveau s'oublians
Ont oſé dans ſes bras irriter la victoire.
Qu'ont-ils gâgné ces eſprits orgueilleux
Qui menaçoient d'armer la terre entiere ?
Ils ont vû de nouveau reſſerrer leur frontiere,
Ils ont vu ce Roc ſourcilleux
De leur orgueil l'eſperance derniere,
Dans nos champs fortunez devenir la barriere

On repette le chœur cy deſſus.

Son bras eſt craint du couchant à l'aurore,
La foudre quand il veut tôbe aux climats gelez
Et ſur les bords par le Soleil brulez,
De ſon courroux vangeur ſur le rivage more
La terre fume encore,
Malheureux;les ennemis de ce prince redoutable
Heureux,les peuples ſoumis à ſõ empire équita-
ble.

Chantons bergers & nous rejoüiſſons.
Qu'il ſoit le ſujet de nos fêtes.
Le calme dont nous joüiſſons
N'eſt plus ſujet aux tempêtes :
Chantons bergers, & nous rejoüiſſons.
Le bonheur dont nous joüiſſons,
Le flatte autant que toutes ſes conquêtes.

Le Chœur repette les trois derniers vers

Dans ces lieux l'Eclat & les attraits,
Ces fleurs odorantes,
Ces eaux bondiſſantes,
Ces ombrages frais,
Sont les dons de ſes mains bien-faiſantes;
De ces lieux l'éclat & les attraits
Sont les fruits de ſes biens faits.

Il veut bien quelquefois viſiter nos bocages,
Nos Jardins ne luy deplaiſent pas ;
Arbres épais redoublez vos ombrages:
Fleurs naiſſez ſous ſes pas.

Le Chœur repette les meſmes vers.

O Ciel ! ô Saintes deſtinées,
Qui prenez ſoin de ſes jours floriſſants;
Retranchez de nos ans,
Pour ajouter à ſes années.

Le Chœur repette les meſmes vers.
CHOEUR.
Qu'il regne ce heros, qu'il triomphe toujours
Qu'avec luy ſoit toujours
——la paix & la Victoire
Que le cours de ſes ans dure autant que le cours
de la Seine & de la Loire,
Qu'il vive autant que ſa gloire.
Fin de l'Idille

LA GROTE

DE VERSAILLES.

SILVANDRE, ET CORIDON.

ALlons bergers, entrons dans cet heureux
     sejour,
Tout y paroit charmant, Louïs est de retour;
Il sort des bras de la victoire
Et vient rassembler à leur tour
Les plaisirs égarez dans ces bois d'alentour

CORIDON.

Il se plait en ces lieux à perdre la memoire
De la grandeur qui brille dans sa cour ;
Cessons de parler de sa gloire
Il n'est permis icy de parler que d'amour.

Le Chœur repete les deux derniers vers.

CHOEUR

Dans ces charmantes retraites ,
Accordons nos chalumeaux ,
Nos pipeaux , nos musettes
Au ramage des oiseaux
Et chantons nos amourettes ,
Au doux murmure des eaux

Deux Bergeres.

Gôutons bien les plaisirs bergere ,
Le temps ne dure pas toûjours;
La moisson la plus chere
Est celle des amours :

Elle ne se peut faire
Qu'au printemps de nos jours.
Ménageons la saison de plaire,
Ménageons des momens si doux;
La moisson la plus chere
Est celle des amours,
Elle ne se peut faire
Qu'au printemps de nos jours.

MENALQUE, ET CORIDON.

Sortons de ces deserts détournons en nos pas.

CORIDON.

Pourquoy quitter si-tôt ces endroits plein de
charmes.

MENALQUE.

L'Amour est dans ces lieux avec tous ces appas.

CORIDON.

Ah ! qu'il est doux icy de luy rendre les armes,
Où pourrions nous aller où l'amour ne fût pas.

MENALQUE.

Aimons puis qu'il le faut dans ces heureux deserts.

CORIDON.

L'Amour dans ces beaux lieux n'a que d'aimables chaines.

MENALQUE.

Il a dequoy payer le repos que je perds.

CORIDON.

Il n'est point de plaisirs si charmans que ses
peines.
La liberté n'a rien de si doux que ses fers.

MEMALQUE ET CORIDON, *ensemble.*

Voyons tous deux en aimant,
Qui de nous sçaura prendre
L'ardeur la plus tendre,
Et la garder plus constamment :
Ne craignons point le tourment
Qu'un cœur amoureux doit attendre

C'eſt un mal trop charmant
Pour s'en deffendre.

Daphnis chante ſeul ce qui ſuit & les
chœurs luy répondent.

Venés prés de ces fontaines,
Venez Nymphes qui chaſſez,
Ceſſez de courir les plaines
Avec des ſoins empreſſez ;
Venez icy prendre
des plaiſirs charmants :
Venez nous entendre ;
Dancez à nos chants

IRIS, &c.

Les oiſeaux vivent ſans contrainte,
S'engagent ſans crainte,
Leurs nœuds ſont doux.
Tout leur rit , tout cherche à leur plaire
Nous devons en eſtre Ialoux.
La raiſon ne nous ſert de guère ,
En amour ils ſont tous moins bêtes que nous.
Dans leurs chants ils diſent ſans ceſſe ,
Que l'amour les bleſſe
D'aimables coups
Tout leur rit tout cherche à leur plaire
Nous devons en eſtre Ialoux
La raiſon ne nous ſert de guère.
En amour ils ſont tous moins bêtes que   nous.

IRIS, ſeule.

Dans ces deſerts paiſibles
Rochers que voſtre ſort eſt doux ;
Vous eſtes inſenſibles ,
Trop heureux qu'il eſt comme vous.

D'une rigueur extreme
Mon cœur ſent les plus rudes coups

L'Insensible que j'aime
Est cent fois plus rocher que vous

IRIS, ET L'ECHO.

Depuis que l'on soupire,
Sous l'amoureux empire;
Depuis que l'on soupire,
Sous l'amoureuse loy;
Qui fut jamais plus à plaindre que moy
Quelle voix vient icy se plaindre.
N'en doutons plus, ce sont les Echos d'alentour
Jusqu'au cœur des rochers de ce charmant se-
    jour,
Leur plainte nous apprend que l'amour est à
    craindre

CHOEUR.

Chantons tous en ce jour,
Redisons tour à tour :
Que le chant des oiseaux nous seconde,
Que l'Echo nous reponde.
Chantons tous en ce jour,
Qu'il n'est rien dans le monde
Qui soit insensible à l'amour

Fin de la Grote de Versailles.

PASTORALLE

TIRCIS.

NE m'aimerez vous point Inhumaine
silvie,
Un tendre & fidelle berger
Ne sçauroit-il vous engager.

SILVIE.
Je n'aime que ma bergerie,
Je veux luy donner tous mes soins;
Et si je vous aimois, je l'en aimerois moins
TIRCIS.
Vos troupeaux aimable bergere
Ne vous demandent pas tous les moments du
    jour;
Quand on est jeune & qu'on sçait plaire,
L'on doit quelques soins à l'amour.

SILVIE.
Lors qu'à l'amour on s'est laissé surprendre,
Les moutons sont trop en danger:
Quand on a le cœur tendre,
On ne sçauroit plus y songer.
TIRCIS.
Quand je seray dans la prairie,
Les loups ne doivent plus nous inspirer d'effroy:
Aimez moy ma chere silvie,
Et du soin du troupeau reposez vous sur moy.
SILVIE.
S'il estoit en amour des chaines eternelles,
Je me laisserois enflammer:
Il est si peu d'amans fidelles,
Que je ne sçay Tircis si j'oserois aimer.
TIRCIS.
Un objet plein de charmes
Peut il douter d'estre aimé constamment;
Dissipez ces vaines allarmes,
Aimez, aimez un veritable amant.
SILVIE.
Je ne puis resister à vostre empressement,
Je vous aime Tircis.
TIRCIS.
Quoy vous m'aimez silvie?
Et par ce tendre aveu vous payez mes soûpirs

PASTORALE.

TIRCIS ET SILVIE, *ensemble.*

Aimons, aimons, n'ayons plus d'autre envie
Que noftre amour faffe tous nos plaifirs.

TIRCIS.

J'attends quelques bergers des hameaux d'alen-
    tour
Qui doivent s'affembler dans ces belles retraites:
Par le fecours de leurs mufettes
Je vais vous prouver mon amour.

Entrée de Bergers joüans du haubois,
Et de bergers & bergeres chan-
    tans & danfans.
MARCHE.

Allons Bergere,
Allons, allons dans ces valons charmans
Sur la fougere
Paffer de doux momens.
Aimons fans ceffe,
Tous les plaifirs font faits pour les amans.
Dans la jeuneffe
Proffitons de nos ans
Allons Bergere, &c.
UN PAISAN.

On nous a dit qu'icy l'on faifoit une fefte
J'avons pour y venir enfermé nos troupeaux,
Nos bergeres de fleurs ont entouré leur tefte
Et j'avons mis tretous nos habits lesplus beaux.
Bonjour le beau Tircis, bonjour belle Silvie.
Vous vous aimez tous deux,
Que vous eftes heureux,
Vous goutez les plaifirs les plus doux de la vie

TIRCIS ET SILVIE, *enfemble.*

Nous nous aimons pour nous aimer toûjours,
La mort, la feule mort finira nos amours.
L'amour a mille charmes,
Quand on peut aimer fans allarmes:

Mais si l'amour est doux,
Ce n'est que parmy nous
UNE PAISANNE.
Lors que j'aimons quelqu'un, je n'aimons plus
    personne
Nostre premiere amour a toujours des apppas,
Et pour une couronne
Je ne changerions pas
UNE PAISANNE.
Il n'en est pas ainsi de ces amans de ville,
Ils ne sont que des inconstans,
Ils n'ont jamais le cœur tranquille:
Et leur plus forte amour ne dure pas longtemps.
UN PAISAN.
Dans nos hameaux chacun a sa chacune
Et vit content de sa fortune ;
Si vous voulez n'avoir point de soucy,
Amans de cour vivez ainsi

Lors que du pasturage
On a ramené le troupeau,
Les bergers du village
Se rassemblent dessous l'ormeau :
Ah qu'il fait beau nous voir sauter sur la ver-
    dure !
Je disons cent chansons ,
Je rions , je dansons
Je n'avons rien appris, je dansons par nature.
CHOEUR.
Dans cet heureux sejour,
L'amour tient son empire:
Suivons les mouvements que ce dieu nous ins-
    pire,
Joüissons des plaisirs que nous offre un beau
    jour.

Fin de la Pastoralle.